BEI GRIN MACHT SICH IHR WISSEN BEZAHLT

AF153677

- Wir veröffentlichen Ihre Hausarbeit,
  Bachelor- und Masterarbeit

- Ihr eigenes eBook und Buch -
  weltweit in allen wichtigen Shops

- Verdienen Sie an jedem Verkauf

Jetzt bei www.GRIN.com hochladen und kostenlos publizieren

Moritz Förster

Der Prozess "Fernsehen" unter besonderer Berücksichtigung des Faktors Gespräch

GRIN Verlag

Bibliografische Information der Deutschen Nationalbibliothek:

Die Deutsche Bibliothek verzeichnet diese Publikation in der Deutschen National-
bibliografie; detaillierte bibliografische Daten sind im Internet über http://dnb.d-
nb.de/ abrufbar.

Impressum:

Copyright © 2004 GRIN Verlag GmbH
Druck und Bindung: Books on Demand GmbH, Norderstedt Germany
ISBN: 978-3-638-88633-8

Dieses Buch bei GRIN:

http://www.grin.com/de/e-book/29778/der-prozess-fernsehen-unter-besonderer-
beruecksichtigung-des-faktors

GRIN - Your knowledge has value

Der GRIN Verlag publiziert seit 1998 wissenschaftliche Arbeiten von Studenten, Hochschullehrern und anderen Akademikern als eBook und gedrucktes Buch. Die Verlagswebsite www.grin.com ist die ideale Plattform zur Veröffentlichung von Hausarbeiten, Abschlussarbeiten, wissenschaftlichen Aufsätzen, Dissertationen und Fachbüchern.

Besuchen Sie uns im Internet:

http://www.grin.com/

http://www.facebook.com/grincom

http://www.twitter.com/grin_com

Förster/SS 2004

Freie Universität Berlin
Fachbereich Politik- und Sozialwissenschaften
Institut für Publizistik- und Kommunikationswissenschaft
Proseminar „Medientheorien"

Thesenpapier

Der Prozess „Fernsehen" unter besonderer Berücksichtigung des Faktors Gespräch

Moritz Förster

Inhaltsverzeichnis

1. Einleitung

Im Rahmen der „Cultural Studies" werden in dieser Arbeit Ansätze thematisiert, die das Fernsehen in Bezug zur Kultur setzen. Von besonderem Interesse ist dabei, welche Rolle Gespräche während oder nach der Fernsehrezeption spielen, die den gezeigten Inhalt thematisieren.

Als Grundlage werde ich eingangs eine Arbeit von John Fiske heranziehen. Dieser fordert, den Unterschied zwischen „Text" und „Publikum" aufzuheben und schlägt als Alternative vor, das gesamte bedeutungserzeugende Potenzial des Fernsehens mit dem Begriff „Textualität" zu definieren.

Anhand von drei Untersuchungen der Autoren Mary Ellen Brown, Marie Gillespie und Andreas Hepp soll zudem versucht werden einen etwas detaillierten Einblick zu gewinnen, inwieweit die interpersonale Kommunikation über Fernsehinhalte die Aufnahme des Gezeigten beeinflusst.

2. Fernsehen und Kultur

2.1 Der Fernseh-Konsum als Prozess

Viele Theorien vereinfachten den Vorgang des Fernsehen: Auf der einen Seite sah man Fernsehsendung mit dem jeweiligen Inhalt und auf der anderen den Rezipienten, der diesen Inhalt aufnimmt. Einen anderen Vorschlag unterbreitet uns John Fiske. Er will diese strikte Trennung von Text (Inhalt) und Publikum (Rezipienten) aufheben.

Fiske weist darauf hin, dass es „das Fernsehpublikum als empirisch zugängliches Objekt" nicht gebe. Das Publikum sei keine „soziale Klasse, Rasse oder Geschlecht".[1] In verschiedenen Augenblick könne das Publikum verschiedenste Strukturen und Merkmale aufweisen. Selbst ein Individuum könne zu verschiedenen Augenblicken unterschiedliche Merkmale vorweisen.

Abgeneigt ist Fiske auch gegen den Begriff „Text". Sein Hauptargument lautet: „Ebenso sind der Fernsehtext oder das Programm kein einheitliches Ganzes, das dieselbe Nachricht auf demselben Weg zur Gesamtheit des ,Publikums' bringt."[2] Im Klartext heißt dies, dass jeder Zuschauer dem dargebotenen Programm in einem gewissen Spektrum eine individuelle Bedeutung zuordnen kann.

---

[1] Fiske, John (1989) „Augenblicke des Fernsehens: Weder Text noch Publikum". In: Engell/Vogl (Hrsg/1999.) „Kursbuch Medienkultur", Deutsche Verlags-Anstalt GmbH, Stuttgart, S. 234.
[2] Fiske 1989, S. 234.

Hiermit gelangen wir auch schon zu Fiskes Schlussfolgerung, der den Vorgang des Fernsehens eher als einen flexiblen Prozess betrachtet, denn als eine einseitige Vermittlung von Inhalt. Für diesen Prozess schlägt er den Begriff „Textualität" vor. Er werde durch „Sinnbildung und Genießen realisiert".

Entscheidend bei der Interpretation der Fernsehinhalte sind gesellschaftliche und textuelle Determinanten, also einerseits kulturelle Faktoren, die auf das Individuum einwirken und andererseits inhaltliches Potenzial, das durch das Fernsehen bereitgestellt wird.

Was das Fernsehen liefert, sind nicht Programme, sondern eine semiotische Erfahrung. Diese Erfahrung wird durch ihre Offenheit und Polysemie charakterisiert. Das Fernsehen ist weder ein Do-It-Yourself-Baukasten für Bedeutungen noch ist es ein Kasten voller ‚Fertigbedeutungen', die bloß zum Verkauf angeboten werden... Alle Texte sind polysemisch; für die Textualität des Fernsehens aber ist dies Polysemie absolut zentral.[3]

Man erkennt allerdings, dass John Fiske die Trennung von „Text" und Publikum nicht gänzlich aufheben kann. Er selbst weist daraufhin, dass es aus empirischen Gründen schwer sei, auf eine derartige Differenzierung gänzlich zu verzichten.

So schreibt er auch dem Fernsehen bestimmte Merkmale zu. Und diskutiert, wie der Standpunkt des Fernsehens zwischen den beiden Polen „kulturelle Ökonomie" und „finanzielle Ökonomie" aussehen kann. Seiner Meinung nach ist der erstgenannte Ansatz der wesentliche. Während bei der „finanziellen Ökonomie" der Zuschauer noch als Ware an die werbetreibende Wirtschaft verkauft werde, verweigere er diese bei der „kulturellen Ökonomie" und trete stattdessen als Produzent von Bedeutungen in den Vordergrund. Damit gesteht Fiske dem Zuschauer automatisch auch eine große Macht ein.[4]

Dies liegt wiederum an dem starken polysemischen Charakter des Fernsehens. Hierfür nennt Fiske Segmentierungen und syntagmatische Lücken, Intertextualität, Zeit, Serialität sowie Heteroglossie als Begründungen.[5] Im Rahmen dieser Arbeit kann auf die jeweiligen Punkte leider nicht weiter eingegangen werden. Relevant für die folgenden Analysen der Fernsehforschung ist vor allem der Faktor „Intertextualität". Demnach sei Kultur immer eine Verflechtung von Texten, die sich auf andere Texte beziehen. Bei den vier Kategorien „Primärbeziehungen", Sekundärbeziehungen, „Mündliche Kultur" sowie „Das Subjekt und die gesellschaftliche Formation", die Fiske vorschlägt, wird im Verlauf dieser Arbeit auch die „Mündliche Kultur" von Relevanz

---

[3] Fiske 1989, S. 237.
[4] Fiske 1989, 2. 238ff.
[5] Fiske 1989, S. 241ff.

sein.: „Die Leute reden über das Fernsehen: es ist ein großer Förderer von Klatsch."[6]
Dieser Aspekt wird uns vor allem in der Brown-Studie wieder begegnen.

2.2 Katalysator „Gespräch" bei der Fernseh-Rezeption

Anknüpfend an die Vorschläge von Fiske werden in diesem Kapitel drei Untersuchungen von Brown, Gillespie und Hepp vorgestellt, in denen Fernseh-Rezeption und interpersonelle Kommunikation in Bezug zueinander gestellt werden.

Die von Fiske bereits angedeutete These brachte Michel de Certeaus dabei deutlich auf den Punkt:

Nach de Certeau ist da Produzieren von Texten in dem Sinne eine strategische Tätigkeit, dass der oder die Textproduzenten versuchen, eine von ihnen favorisierte Bedeutung ‚festzuschreiben'. Das heißt aber nicht, dass ihnen dies mit ihren Texten gelingen muss. Es besteht durchaus die Möglichkeit, dass Rezipienten mit Texten andere Bedeutungen verbinden, als die Textproduzenten.[7]

In diesem Prozess sollen nun – wie es David Morley vorschlug – die Gespräche der Zuschauer eine zentrale Rolle einnehmen. Damit bilden sich zwei Kommunikationsebenen: Zum einen die von Morley als „global" charakterisierten Fernsehdiskursen, zum anderen die „lokalen" Diskurse der Rezipienten über das Fernsehen.[8]

In der Studie „Television, Ethnicity and Cultural Change" analysiert Marie Gillespie „the role of television in the formation and transformation of identity among young Punjabi Londoners".[9] Eine wichtige Rolle spielt dabei der – wie von ihr bezeichnete – „TV talk", also die Gespräche, in denen sich die Jugendlichen über das Fernsehen unterhalten. Der TV-Talk nimmt dabei einen methodologischen und einen inhaltlichen Stellenwert ein: „Both dimensions are important to this study: TV talk as a source of ethnographic data and ethnography as a strategy in audience resarch."[10] Dem „TV talk" gegenüber steht in Gillespies Analyse der „broadcast talk". Während der „TV talk" die lokalen Alltagsdiskurse kennzeichnet, steht letzter für die global vertriebenen Fernsehdiskurse. Andreas Hepp fasst die Ergebnisse Gillespies treffend zusammen: „Die Gespräche der Jugendlichen sind es, in denen sie versuchen, ausgehend von einzelnen Fernsehereignissen eine gemeinsame Identität zu entwickeln, die die

---

[6] nach: Fiske 1989, S. 245.
[7] Nach: Hepp, Andreas (1997) „Das Lokale trifft das Globale: Fernsehaneignung als Vermittlungsprozeß zwischen Medien- und Alltagsdiskursen". In: Hepp/Wimmer (Hrsg./1999 2. überarbeitete Ausgabe) „Kultur – Medien – Macht", Westdeutscher Verlag, Opladen/Wiesbadenp, S. 192.
[8] vgl. Hepp (1999), S. 191.
[9] Gillespie, Marie (1995) "Television, Ethnicity and Cultural Change", Routledge, London, New York, S.1.
[10] Gillespie 1995, S. 23.

traditionelle Kultur der Eltern mit der in den Medien präsentierten Kultur der ,neuen Heimat' verbindet."[11]

Eine ähnliche Kategorie wie den „TV talk" stellt auch Mary Ellen Brown in ihrem Werk „Soap Opera And Women's Talk" auf. Sie spricht allerdings von „spoken text". [12] Brown's Untersuchungsobjekte sind keine Jugendlichen, sondern Hausfrauen, die im kleinen Freundeskreis Fernsehserien angucken. Aber auch sie weist daraufhin, wie groß die Bedeutung der Gespräche während des gemeinsamen Fernsehens ist.

The present research... attempts to see how discursive networks constructed around soap operas actually work as spoken text. Thus the spoken text is an integral part of the experience of the text. Talk is the necessary first level required if the text is an integral part of the experience of the text. Talk is necessary first level required if the text is to be an influence in people's lives.[13]

Im Zentrum von Browns Untersuchung steht der Klatsch der Frauen während der Sendung. Sie stellt fest, dass die Frauen durch das „Klatschen" und Scherzen über gezeigte Fernsehsituationen anfangen ihre eigenen Lebensumstände in Frage zu stellen. Jörg Bergmann hat bereits festgestellt, dass „Klatsch ein typisches informelles Kontrollmittel ist und seine verhaltensregulierende, Konformität erzwingende Funktion vor allem in kleinen, stabilen, moralischen homogen strukturierten Gruppen oder Gesellschaften entfaltet".[14] Diese Kriterien würden im Groben auf Browns Situation übertragbar sein.

Fasst man die Ergebnisse der beiden besprochenen Untersuchungen zusammen, kann man folgendes festhalten: „Erstens streichen sie heraus, welche zentrale Rolle das Gespräch bei der Aneignung von Fernsehen spielt... Zweitens zeigen die Studien von Brown und Gillespie exemplarisch, dass die kommunikative Aneignungen von Fernsehen in beträchtlichem Umfang ein In-Beziehung-Setzen von lebensweltlichen Werten mit medial repräsentierten Werten und Vorstellungen ist."[15]

2.3 Die Muster der Fernsehgespräche

Andreas Hepp geht nun selbst einen Schritt weiter und versucht herauszukristallieren, in welchen Mustern diese Diskurse verlaufen können. Während Gillespie zum einen kurze Verweise auf Fernsehtexte und zum anderen das Übernehmen ganzer

---

[11] Hepp 1999, S. 194.
[12] vgl. Brown, Mary Ellen (1994) „Soap Opera And Women's Talk: The Pleasure of Resistance", Sage Publications, London,S. 67.
[13] Brown 1994, S. 79.
[14] Bergmann, Jörg R. (1987) „Klatsch: Zur Sozialform der diskreten Indiskretion", Walter de Gruyter, Berlin, S. 193.
[15] Hepp 1999, S. 195.

kommunikativer Muster der Fernsehdiskurse feststellte, rückte Brown in ihrer Untersuchung den Klatsch in den Mittelpunkt. Auf dessen besondere Eigenschaften hat Bergmann hinweist.

...der Klatsch in den Massenmedien, bei dem es ja in erster Linie um Prominente geht, [ist] nicht in der gleichen Weise ‚ausbalanciert'... wie der private Klatsch. Hier besteht zwischen den am Klatsch Beteiligten kein reziprokes, sondern ein einseitiges Bekanntschaftsverhältnis, mit der Konsequenz, dass zwar auf die gleiche rhetorisch übertriebene Weise Skandalisisierung betrieben wird, häufig [Verständnis und Rücksichtsnahme] für das Klatschopfer ausbleibt.[16]

Bergmann geht soweit, dass er behauptet, der Klatsch über Prominente Fernsehpersonen übertreibe soweit, dass er ins Fiktionale übergehe. Man sieht also, dass die von Hepp angestrebten klar getrennten unterschiedlichen Gesprächsmuster in der Praxis durchaus auch als gemischte Muster vorzufinden sind.

Dennoch versucht Hepp durch eine Analyse von vier Studenten/innen, die die „Harald Schmidt Show" gucken, die verschiedenen Muster der kommunikativen Fernsehaneignung zu strukturieren und kommt dabei zu folgender Tabelle[17]:

Kurzverweise	In-Beziehung-Setzen mit Lebenswelt
Bewertungssequenzen	Entwickeln und Stabilisieren von Normen und Werten. Immunisieren der Werte gegen mögliche Kritik. Relativieren durch andere Werte und Erfahrungen.
Lästersequenzen	In-Beziehung-Setzen mit Lebenswelt. Entwickeln und Stabilisieren von Normen und Werten. Konstituieren von ‚Wir-Gefühl' und Gruppenidentität.
Erzählungen	In-Beziehung-Setzen mit Lebenswelt. Rekonstruieren und Vermittlung eigener Erfahrungen. Konstitution von Gruppenidentität.
Scherze	In-Beziehung-Setzen mit Lebenswelt. Stabilisieren von Gruppenwerten. Konstitution von ‚Wir-Gefühl' und Gruppenidentität.
Projektionen	Spielerisches In-Beziehung-Setzen mit Lebenswelt. Entwickeln eigener Handlungsoptionen.
Phantasien	Konstitution von ‚Wir-Gefühl'. Ausmalen von Handlungsoptionen.

In dieser tabellarischen Form wird deutlich, auf welche verschiedenen Arten die Fernsehdiskurse mit den Alltagsdiskursen verknüpft werden können. Exemplarisch sei dies an der „Lästersequenz" gezeigt: Dadurch, dass man in den Medien präsentierte Handlungsweisen ablehnt, zeigt man zum einen, dass man andere Wertvorstellungen hat. Hier wird bereits die mediale Situation auf die Realität übertragen. Zugleich werden

---

[16] Bergmann, Jörg R. (1994) „Detaillierung – Typisierung – Skandalierung: Über das (unterhaltsame) Konstituieren von Wirklichkeit in der Klatschkommunikation". In: Bosshart, Louis/Hoffmann-Riem, Wolfgang (Hrsg) „Medienlust und Mediennutz: Unterhaltung als öffentliche Kommunikation", Ölschläger GmbH, München, S. 123.
[17] Hepp 1999, S. 204.

die eigenen Werte aber auch auf die ganze anwesende Gruppe übertragen, da sich im Normalfall niemand zu isolieren wünscht., es entsteht ein Wir-Gefühl.

3. Fazit

Es zeigt sich, dass der Vorschlag John Fiskes, die Trennung von „Text" und „Publikum" aufzuheben, empirisch kaum machbar ist. Dennoch kann man sagen, dass alle drei dargestellten Untersuchungen durchaus, wie von Fiske erwähnt, den „Prozess Fernsehen" ins Auge fassen. Das „Fernsehen" wird nicht als eine Einbahnstraße betrachtet, sondern als ein fester Bestandteil der kommunikativen Gesellschaft. Die Schnittstelle des Fernsehdiskurses mit dem Alltagsdiskurs verdeutlicht, wie wichtig es ist, keinen klaren Trennstrich zwischen Fernsehinhalten und Rezipienten zu ziehen.

Wie groß der Stellenwert von Kommunikation über Fernsehen sowohl in der kommunikativen (z.B. in Hepps thematisierter Untersuchung) wie auch in der postkommunikativen Phase (z.B. in Gillespies thematisierter Untersuchung) ist haben die drei angesprochenen Untersuchungen gezeigt.

Allerdings bleibt natürlich anzumerken, dass etliche der eingangs angesprochenen Merkmale des Prozesses Fernsehen (nach Fiske) im Rahmen dieser Arbeit nicht thematisiert werden konnten. Auch eine genauere Analyse, zum Beispiel ein interessanter Vergleich „Fernsehsehen in der Gruppe" contra „Fernsehen alleine" würde dieses Thesenpapier sprengen. Stattdessen müssen wir uns in dieser Ausarbeitung mit den bereits genannten Ergebnissen begnügen – im Vergleich zu dem ausschweifenden Feld der „Cultural Studies" nur eine winziger Ausschnitt.

Literaturliste

Bergmann, Jörg R. (1987) „Klatsch: Zur Sozialform der diskreten Indiskretion", Walter de Gruyter, Berlin.

Bergmann, Jörg R. (1994) „Detaillierung – Typisierung – Skandalierung: Über das (unterhaltsame) Konstituieren von Wirklichkeit in der Klatschkommunikation". In: Bosshart, Louis/Hoffmann-Riem, Wolfgang (Hrsg) „Medienlust und Mediennutz: Unterhaltung als öffentliche Kommunikation", Ölschläger GmbH, München.

Brown, Mary Ellen (1994) „Soap Opera And Women's Talk: The Pleasure of Resistance", Sage Publications, London.

Fiske, John (1989) „Augenblicke des Fernsehens: Weder Text noch Publikum". In: Engell/Vogl (Hrsg./1999) „Kursbuch Medienkultur", Deutsche Verlags-Anstalt GmbH, Stuttgart.

Gillespie, Marie (1995) "Television, Ethnicity and Cultural Change", Routledge, London, New York.

Hepp, Andreas (1997) „Das Lokale trifft das Globale: Fernsehaneignung als Vermittlungsprozeß zwischen Medien- und Alltagsdiskursen". In: Hepp/Wimmer (Hrsg./1999 2. überarbeitete Ausgabe) „Kultur – Medien – Macht", Westdeutscher Verlag, Opladen/Wiesbaden.